für's Bett
zum
Schmunzeln...
mit dickem
Dankeschön
für
duweißt-
schon...

Ingrid

*100 Limericks über Ostfriesen*
Ein illustrierter Kulturspiegel

Texte und Zeichnungen:
Jörg Schröder und Thomas Dähne

1. Auflage 1998 - 2000 Exemplare
© Verlag Soltau-Kurier-Norden
Alle Rechte vorbehalten
Anschrift des Verlages:
Stellmacherstraße 14, 26506 Norden

Layout: Gabi Erdmann
Lektorat und Produktion: Thomas Aldick

Gesetzt aus der Pepper

Druck und Gesamtherstellung: Soltau-Kurier-Norden
Printed in Germany

ISBN 3-928327-28-3

## Vorwort

Der Ostfriese denkt, bevor er spricht. Beginnt er dann mit sorgsam zurechtgelegten Worten, weiß man oft gar nicht, worauf er hinauswill; bis er schließlich zum Schluß, ganz nebenbei, die Katze aus dem Sack läßt. Genauso ist es beim Limerick.

Starre Regeln wirken hier wie dort häufig bestimmend auf den Inhalt des Gesagten. Ist zum Beispiel die Hausfrau noch damit beschäftigt, die Teetassen auf den Tisch zu stellen, spricht man über das Wetter oder den Garten; ernstere Themen sind erst später möglich. Welche Form als die des streng auf überlieferte Weise gebauten Limericks wäre daher besser geeignet, das Wesen der Menschen in Ostfriesland herauszustellen!

In diesem Zusammenhang kann es nicht verwundern, daß (Gerüchten zufolge) schelmische Fünfzeiler mit der Reimfolge a-a-b-b-a hier bereits für früheste Zeiten nachgewiesen wurden, mit einer deutlichen Häufung im ausgehenden Mittelalter. So soll schon Ocko tom Brook, vor den Mauern seiner Burg von den Mordbuben Folkmar Allenas umringt, seiner Frau Foelke zugerufen haben:

> „Geh hin und tu kund und zu wissen:
> Noch bevor Ritter Ocko zerschlissen
>     von den meuchelnden Scharen
>     eines feigen Barbaren,
> zierte er ihre Wangen mit Schmissen!"

Aber das ist durch keine Chronik belegt und darf angezweifelt werden, da Ocko im Eifer des Gefechts sicher nicht die Zeit hatte, einen Limerick zu machen.

Ein Bauer aus Blandorf bei Arle
wurde Opa zum vierzehnten Male.
　Zur Taufe kam er
　　in Manchestern\* daher;
er warf sich schon nicht mehr in Schale.
　\*Cordhosen

Ein Ladeninhaber in Aurich
sprach: „Ach! Schon seit Wochen nun laur' ich
    auf Regen statt Schein!
      Er trieb' Leute herein!
Jetzt ist es hier öd, leer und traurig."

Auf Borkum Herr Bohlen aus Bagband
ein Hotel ganz nach seinem Geschmack fand:
    freundlich, sauber und leise,
    dabei günstig im Preise,
und mit herrlichem Blick auf den Nacktstrand!

3

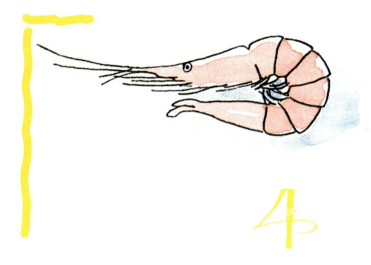

4

Der Granatfischer Ulferts von Baltrum
ist klein und so sehr von Gestalt krumm,
daß beim Pulen vor Jahren
er erstaunt fragte: „Karen,
was zerrst du an mir mit Gewalt rum?"

Als einst mit dem Eilande Bant
ein Teil von Ostfriesland verschwand,
   wozu da die Klagen?
   Wie Wattfischer sagen,
gibt's nichts außer Schlick dort und Sand.

Beim Maibaum in Berumerfehn
ist nirgends ein Wächter zu sehn.
 Drei Stiche per Spaten
 sind nicht zu erwarten;
der Baum steht in jauchenen Seen.

Wenn die älteste Tochter aus Brill
auf 'ne Fete mit Jungs gehen will,
gießt die Mutter, wenn's Zeit,
ihr Wasser aufs Kleid.
Dann bleibt sie zu Haus und ist still.

Es beliebt Oma Lübbers aus Bühren,
so das Feuer im Ofen zu schüren,
   daß die Torfsoden glühen
    und Funken versprühen
und der Rauch quillt aus Fenstern und Türen.

Liegt die dralle Johanne aus Bült
nur in einen Bikini gehüllt
   im Garten herum,
      sind die Nachbarn ringsum
ihre Gärten zu pflegen gewillt.

## 10

Es feilbot ein Händler aus Bunde
einen Gaul mit kaum Zähnen im Munde.
   Doch betonte der Nepper,
    die drei, die der Klepper
noch hätte, sei'n alles gesunde!

Ein Schönling vom Dorf Bunderhee
sonnt sich fast jeden Tag an der See.
Ziehen Wolken heran,
hat für'n Bräuner er dann
stets Fünfmarkstücke im Portemonnaie.

# 12

Es machte ein Hund in Burlage
seinen Haufen am hellichten Tage
 auf den englischen Rasen
 von Amtsrichter Claasen;
jetzt droht seinem Herrchen 'ne Klage.

Der Rentner Jann Viet aus Burmönken
und seine Frau Meta gedenken
    sich dies Jahr zum Feste,
    das wäre das beste,
doch einfach mal gar nichts zu schenken.

# 14

Beim Schöfeln nicht weit von Cirkwehrum
steht Oma nicht lange im Schnee rum
   mit dem Tee für die Läufer,
   und man hört voller Eifer:
„Kommt, Oma tut immer im Tee Rum!"

Es sagte ein Gatte in Detern:
„Ach, nu hör doch auf, so zu zetern,
   nur weil ich einmal
     dein Zwirnröllchen stahl!
Ich brauchte ein Stück von zehn Metern."

Jan Ahrens aus Deternerlehe
hat 'ne schlechtwetterfühlige Zehe.
Doch man scherzt voller Häme,
durch ein Loch im Schuh käme
das Gefühl - wenn im Regen er stehe!

Herr Schoon, Totengräber aus Diele,
feiert morgen in ganz großem Stile!
Alle die, die ihn mögen,
sollen kommen, deswegen
werden es wohl am Ende nicht viele.

17

## 18

Es standen doch neulich in Ditzum
fünf Giftfässer in einer Pfütz' rum!
    Am Kuhstall bei Tammen
    fand man sich zusammen.
„Wir bringen sie weiter nach Critzum!"


Da standen wahrhaftig in Critzum
fünf Giftfässer, gelb wie der Blitz, rum.
    Am Silo bei Mammen
    fand man sich zusammen.
„Ich kenn da 'ne Pfütze in Ditzum …"

Ein mürrischer Müller aus Dornum
stieß beinah 'nen Sack voller Korn um.
Er rief seinen Knecht
und schimpfte nicht schlecht:
„Was steht dieser Sack denn hier vorn rum?"

Ein Mann starb in Dornumergrode.
Die Witwe sprach bald nach dem Tode:
 „Heut nehm ich mein Kleid,
 mal sehn, wer mich freit."
Doch beides war ganz aus der Mode.

Es kaufte ein Jüngling aus Dose
auf dem Jahrmarkt vor Jahren zwei Lose.
  Heut noch hängt ihm adrett
  jenes Gummiskelett,
das er damals gewann, an der Hose.

## 22

Ein Mädchen aus Edenserloog
fast zweihundert Kilogramm wog;
    drum ihr Bräut'gam sie auch
    nicht nach Türschwellenbrauch
ins Haus hineintrug, sondern -zog.

Noch heut wäscht Frau Rieken aus Emden
ihrem Sohn, Mitte fünfzig, die Hemden.
 „Und hör, Junge, mach",
 ruft sie täglich ihm nach,
„keinen Unfug – und sprich nicht mit Fremden."

Ein Stadtangestellter aus Esens
ist kundig des Schreibens und Lesens.
    Er liest Müll aus der Gosse
    und beschreibt vor dem Schlosse
dann Bahnen beim Schwingen des Besens.

Ein Pastor, gebürtig aus Fahne,
trinkt stets seinen Tee ohne Sahne.
 Doch Kluntje nimmt er
 zwei Stück oder mehr;
drum spannt sein Talar sich im Garne.

25

## 26

Es wohnen zwei Buben in Forlitz,
berüchtigt für Frechheit und Vorwitz
und viele gemeine
Knabenstreiche. Der eine
heißt Max und der andere Moritz.

Ein rüstiger Greis aus Greetsiel
nahm den Pullstock und sprang übern Priel.
    Doch aus Mangel an Fahrt
    nahm der Alte ein Bad.
Im Watt dort steckt heut noch der Stiel.

27

Es lebte vor Jahren in Grete
ein Hahn, der ohn' Unterlaß krähte.
　Stolz stand er und schrie
　　sein Kikeriki –
bis der Bauer den Hals ihm umdrehte.

Es steht auf dem Land bei Großheide
eine Schwarzbunte auf einer Weide.
　Die ist eigentlich ganz
　　friedlich, doch mit dem Schwanz
tut sie manch einer Flieg' was zuleide.

## 30

Beim Auswärtsspiel fiel in Groß Sande
letzten Sonntag bei torgleichem Stande
    der Rechtsaußen vom TuS
      bei 'nem Spurt kurz vor Schluß
über'n Stock eines Greises am Rande.

Aus Stahl schweißt ein Künstler in Hage
Figuren aus friesischer Sage.
 Obwohl in der Nacht
  er selbst drüber lacht,
verkauft er sie teuer bei Tage.

31

## 32

Weil die Tante von Hinrich in Hasselt
von morgens bis abends nur quasselt,
  spricht er mit Onkel Jan
  über Fußball, denn dann
ist sie still und die Tour ihr vermasselt.

Wenn im Frühjahr und Herbst in Hatshausen
Stürme über die Dachfirste brausen,
   geht der eitle Herr Kraus
   nicht zur Türe hinaus,
denn es würd' die Frisur ihm zerzausen.

33

# 34

Es fuhr Landwirt Ahlrichs aus Hauen
zum Viehmarkt, „nur so, um zu schauen".
　　So versprach es der Mann.
　　Doch zurück kam er dann
mit zwölf Hühnern, 'ner Kuh und fünf Sauen.

Die Tore vom Siel Hilgenriede
war'n mal offen, mal zu – je nach Tide.
 Darum (glaubte man schlicht)
 sei die Himmelstür dicht,
wenn bei Hochwasser grad man verschiede.

## 36

Ein findiger Angler aus Hinte
versuchte es mit 'ner Korinthe
und dachte, die Schleien,
die beißen in Reihen.
Er fing dann zwei mickrige Stinte.

Das Neujahrkuchenbacken in Hollen
ist für Opa stets Anlaß zum Grollen.
 „Ihr müßt sie nicht falten
  oder Tüten gestalten –
Neujahrskuchen, die muß man rollen."

(Zum richtigen Lesen dieses Limericks sei angemerkt, daß der Ostfriese das Wort Neujahr meist auf jahr betont.)

37

# 38

Herr Eilts übersah nahe Holte,
als er über die Straße gehn wollte,
 den winkenden Troß
  und das Boßelgeschoß,
das schmerzhaft vors Schienbein ihm rollte.

Es sitzt auf der Holthuser Heide
'ne Maid und spricht schluchzend: „Ich leide."
　　Ihr Pudel, voll Possen
　　　sonst, ist wie begossen.
Denn leidet der eine, dann beide.

39

## 40

Ein Großbauernsohn vom Fehn Ida
wollte Edens Renate ans Mieder!
    Da lief Nati Eden
      quer über die Meeden
nach Haus, und er sah sie nie wieder.

Es sprechen vier Omas aus Ihren
nur von Leiden, Gebrechen, Geschwüren
und vom Ticken der Uhr.
Ein Wunder ist nur,
daß noch keine verstarb von den vieren.

42

Wenn der Strandkorbverleiher von Juist
einen Schub neuer Gäste begrüßt,
   macht er immer den Witz:
      „Und das Fach unterm Sitz
ist für Kinder, wenn diese zu wüst."

Ein Knecht von 'nem Hof in Klein Hollen
reagierte allergisch auf Pollen.
 Ging er über die Wiesen,
  mußt' er weinen und niesen
und die Zunge am Gaumen langrollen.

44

Beim Klettern im Knyphauser Wald
verlor einer plötzlich den Halt.
    Weil's ein hoher Baum war
    (der höchste sogar!),
war er, als man ihn fand, bereits kalt.

Ein rauhbein'ger Schiffer von Langeoog
litt an Zahnarzt-Phobie, so daß bang er log,
 wenn dieser ihn fragte,
 ob ihn etwas plagte,
und zu Hause den Zahn mit der Zange zog.

## 46

Ein Computervertreter aus Leer
fuhr hinaus zu 'nem Bauern. „Mein Herr",
    sprach er, „unsre PCs –
    auch für Sie zeitgemäß!"
„Was fressen denn die?" fragte der.

Ein Mann ging entlang der Bucht Ley
und lauschte der Möwen Geschrei.
　Das erinnert mich sehr
　　an mein Weib, dachte er
und ging schneller und seufzte dabei.

47

## 48

Ein argloser Wicht stieß in Loppersum
aus Versehen 'nem Rocker den Chopper um.
  Seit diesem Malheur,
    's ist noch gar nicht lang her,
sieht im Ausland sich nach einem Job er um.

Bläst im Sommer ein Südwind von Loquard,
weht ein süßlicher Duft Richtung Woquard;
   denn im Dorf nebenan
     wohnt ein geiziger Mann,
der sogar mit dem Wasser im Klo spart.

49

# 50

Es stellte Frau Dirks aus Lüttstede
einen älteren Herrn mal zur Rede,
 der am Heiligen Tag
  mit prallvollem Sack
um die Häuser rumstrich wie ein Ede.

Dackel Waldi, ein Hund aus Manslagt,
hat gern Leute auf Rädern gejagt,
  bis dabei aus Verseh'n
  seine Nase unschön
in die Speichen geriet, wie man sagt.

## 52

Ein Alter aus Middelstewehr
nimmt's Rad und fährt, gießt's noch so sehr,
    Schlag sieben, nie später,
    hinaus. Und dann steht er
bei den Melkern. Warum, weiß nur er.

Die rüstige Jubilarin.
Foto: Str

### Ein Ehrentag: Neunzig

Moorlage. – Jubilarin
A. Buß, die ohn' Klage
noch gerne mal lacht
und Tee selber macht,
fährt heut zu den
Kindern nach Hage.

## 54

Es glaubte der Küster aus Moorstrich,
er hätt' einen Untoten vor sich,
 als in tiefdunkler Nacht
  – nach der Abendandacht! –
einer trunkenen Schritts um den Chor schlich.

Beim Grünkohlwettessen in Narp
es ein unschönes Zwischenspiel gab:
    Einer aß, um zu siegen
        und am meisten zu wiegen,
so viel, daß er umfiel und starb.

## 56

Der Schiedsmann Heinz Bloem aus Neermoor
tat beim Endspiel sich mächtig hervor.
    Er pfiff achtmal Elfmeter,
    Abseits, Rückpaß und später
schoß er selbst das entscheidende Tor.

Ein Bauer mit Sitz Negenbargen
war ewig am Jammern und Klagen
    über Preise (zu niedrig)
    und's Wetter (stets widrig).
Heut hat ein Geschwür er am Magen.

Auch der Landwirt mit Hof in Neuschoo
ist niemals zufrieden und froh.
    Nur Dürre und Nässe
    und tausend Erlässe
und früher, da war das nicht so.

Doch der Landmann G. Mönk aus Coldinne
erwirtschaftet wieder Gewinne.
    Er vermarktet direkt,
    garantiert unbefleckt
von Giften (nur mal mit 'ner Spinne).

## 58

Jedesmal, wenn's in Nenndorferfeld
fern donnert, läuft Oma und stellt
    den Koffer in Sicht,
      und Opa löscht's Licht,
postiert sich am Fenster und zählt.

Faustregel: So viele Male, wie man zwischen Blitz und
Donner eenuntwintig, tweeuntwintig, dreeuntwintig sagen kann,
so viele Kilometer ist das Gewitter noch entfernt.

Die Frau eines Landwirts in Nesse
ist neustens von blutleerer Blässe.
„Sie hilft gar nicht mehr
beim Melken", sagt er.
„Sie liest nur noch Mann, Böll und Hesse."

## 60

Herr K., Schützenkönig aus Norden,
liebt seine Pokale und Orden.
    Drum hat er beschlossen,
    Frau K. wird erschossen,
sobald sie sich nähert den Borden.

Vor der Klappbrücke Nordgeorgsfehn
stand der fahrende Bäcker mal zehn
   Minuten und mehr.
   „Wozu schimpfen", sprach er,
und er aß einen Kringel mit Krem.

Wenn die Jungen und Mädchen aus Nordoog
nicht gut aßen, man gerne das Wort pflog
    vom mageren Kind,
      das bei böigem Wind
am Drachenseil hängend hinfortflog.

Es sprach eine Mutter in Nüttermoor:
„Dein Haar kommt im Licht mir schon schütter vor!
   Doch auch wenn in Frist
   du Bankkaufmann bist,
für mich bleibst du immer ein lütter Tor."

## 64

In der Küche Frau Bruns', Ogenbargen,
liegt ein Lappen aus uralten Tagen,
   tiefgrau vom Gebrauch,
    und sie nimmt ihn auch,
um Fliegen damit zu erschlagen.

Es kaufte ein Typ aus Osteel
für sein Haar eine Tube mit Gel
und meinte sehr schön
damit auszusehn.
Er ging in der Annahme fehl.

Bei Wilkens in Ostgroßefehn
fünf Bögen im Vorgarten stehn.
Zwei ham'se bei Nacht
schnell selbst noch gemacht.
Da können die Nahbers mal sehn!

Am Torfstich im Pfalzdorfer Moor
Hein Fecht fast die Haltung verlor;
   denn unter dem Spaten,
   ohne Vorwarnung, traten
zwei handgleiche Wurzeln hervor.

67

Ein Fischer vom Pilsumer Watt
fährt einmal im Jahr in die Stadt.
 Und sagt ihm dort einer:
  „Der Parkplatz ist meiner",
dann tut er, als könnt' er nur Platt.

Ein Arbeiter leerte in Pogum
auf dem Dorffeste zwei Flaschen Strohrum.
„Das macht", rief er heiser,
„mir gar nichts." Und leiser
„segg mal an, wo ik van hier na't Klo kum."

# 70

Zur Osternacht ist in Rammsfehn
vom Feuer rein gar nichts zu sehn.
Die Flammen ersaufen
im qualmenden Haufen.
Man beschließt deshalb, schlafen zu gehn.

Der Schäfer vom Dorf Resterhafe
steht fest auf dem Deich. Selbst der scharfe
    Nordwest, böig-munter –
    ihn bläst er nicht runter.
Ihn nicht. Aber wo sind die Schafe …?

Als Cornelius Boek, Riepster Hammrich,
vor der Ampel sein Haar mit dem Kamm strich,
 rief dahinter Herr Schröder:
  „Du Affe, du blöder!
Nun fahr endlich, oder ich ramm dich!"

Es geizte ein Meister aus Sanderfeld
bei den Wandergesellen mit Wandergeld.
   Da zimmerten diese
   ihre Arbeiten miese,
so daß manches noch heut auseinanderfällt.

73

## 74

Nie winkte Herr Uphoff aus Schnapp
im Wirtshaus, wenn's Glas leer war, ab.
  Täglich trug man ihn raus,
    aus dem Dorfkrug nach Haus –
und schließlich zum Friedhof ins Grab.

Übt der Handörgelspieler in Schwee,
ruft er oft seiner Schwester zu: „Geh
und föne dein Haar!
Das klingt wunderbar!"
(Sie hat Föne in F, G und C.)

Hinterm Deich, in der Nähe von Sloet,
liegt ein altes, vermodertes Boot.
    Es hat achtern ein Leck
      und die Ruder sind weg
und der Mann, dem's gehört, ist längst tot.

Wenn bei Onckens in Stallbrüggerfeld
an Martini die Türglocke schellt,
  löscht Herr Oncken das Licht
  – und hilft das noch nicht –
schleicht er raus in den Garten und bellt.

## 78

Die blonde Marie aus Suurhusen
hat einen gar mächtigen Busen;
   fünfzehn Kilo das Stück,
   damit hat sie zum Glück
noch keinen erschlagen beim Schmusen.

Ein Dreißiger hat in Tergast
wohl gänzlich den Anschluß verpaßt:
  Noch heute fährt er
    mit dem Mofa umher
und macht an dem Bushäuschen Rast.

# 80

Beim Klootschießen einst in Terwisch
fühlte Gerd sich in Hochform und frisch.
  Doch es kam, wie es mußte.
  Am Sprungbrett stand Guste,
und der Wurf ging ins nahe Gebüsch.

Es mahnte der Lehrer in Theene:
„Putzt euch morgens und abends die Zähne.
  Und wascht eure Haare
   nicht bloß alle paar Jahre,
sonst verliert ihr erst diese, dann jene!"

Es scholl von der Kanzel in Timmel:
„Wer sündigt, kommt nicht in den Himmel!
 So reißt euch zusammen
  (auch du, Friedhelm Mammen),
und wartet bis nach dem Gebimmel."

Nie verwandte ein Alter aus Tjüche
böse Worte und sündhafte Flüche.
  Nur manchmal, ganz leise,
  verwünschte der greise
die beim Düngen erzeugten Gerüche.

## 84

Der Koch sprach zum Lehrling in Tunge:
„Wenn du Aal zubereitest, mein Junge,
    tu ihn nicht in den Topf
      ohne Schlag auf den Kopf,
sonst beißt er dem Gast in die Zunge."

Frau Weers hört' beim Tee in Ulbargen,
daß die Schwester des Schwagers seit Tagen
  mit dem zwielicht'gen Sohn
  vom Frisör von Herrn Kohn ...
Beinah hätt's ihr die Sprache verschlagen!

85

## 86

Wenn Feldwebel Buß aus Upende
seinen Zug für zu träge befände,
    hieße es wohl: „Marsch, marsch,
    bewegt euren Arsch." Barsch
triebe er ihn dann übers Gelände.

Es stritten sich zwei in Upgant:
„Dein Wasser läuft nicht durch mein Land!"
  Es lief schließlich doch
    und ein Schwein dazu. Noch
gab es immer 'nen Weg, der sich fand.

87

In der Nacht hat ein Bursch' in Upschört
sein Liebchen mit Sängen betört
    und wurde gebissen!
    Dazu muß man wissen:
Er hatte den Hofhund gestört.

Es steckte ein Mann aus Utgast
bis zum Halse schon tief im Morast,
   da endlich vernahmen
    zwei Wand'rer den Armen
und kamen noch rechtzeitig – fast.

Es trachtete einer in Velde
einem Mütterchen frech nach dem Gelde!
   Er wird nach dem Schock
      und dem Schlag mit dem Stock
aus der Klinik entlassen in Bälde.

Der Opa bei Ottens in Walle
wird munter, zeigt's Fernsehn Krawalle.
  Aus dem Lande der Messer,
  die fliegen, besäß' er
noch als Beute zwei Zwill'n und 'ne Schnalle!


(Die Gegend um Moordorf, westlich von Walle gelegen, war
berüchtigt als das „Land der fliegenden Messer". Opa Otten ist
offensichtlich Veteran der Dorfjugend-Kriege.)

Ein Schlossergeselle aus Weener
baute Schiffe für große Container.
 Na ja, es war so:
  Er schraubte das Klo
in 'ne Kammer, die nicht mal zu sehn war.

Ein Käpt'n aus Werdumer Altendeich
nahm ein Blatt, und er knickte es faltenreich.
    Es wurde ein Boot.
    Er malte es rot.
Da wurde das Herz dieses Alten weich.

## 94

Johann Janßen aus Westrhauderfehn
war im Fernsehn zu hörn und zu sehn!
  Bei 'nem Live-Interview
    rief er zweimal laut „Buh",
und man sah ihn im Hintergrund stehn.

Herr Röder aus Wiesedermeer
kam gern lautstark und tönend daher.
 Doch wußte ein jeder,
 daß zu Hause Frau Röder
die Hosen anhatte – nicht er!

95

Croon, Johann, Gefreiter aus Wiesmoor,
sein Haar ganz genau wie der Spieß schor,
   um Liebling zu sein,
     das Kam'radenschwein.
Er kam sich dabei nicht mal mies vor.

Der Marktschreier Bünting aus Willen,
der stets auf dem Markt stand zu brüllen,
    wohnt heute zufrieden
    und weltabgeschieden
in 'nem Haus auf dem Lande – im Stillen!

98

Als ein feuriger Reiter aus Wittmund
sein Pferd mit der Peitsche beim Ritt schund,
   tat das wütende Tier
      in gleicher Manier
seinen Unwillen mit einem Tritt kund.

Opa Harms unterließ in Woltzeten
vor den Mahlzeiten niemals das Beten.
Nur vorm Krieg mal, im Mai
(es gab Labskaus mit Ei),
„dor hebb ik dat glattweg vergeten!"

# 100

Ein schwerkranker Raucher aus Wrisse
sprach zu seiner Pfeife: „Nun wisse,
   es hat keinen Zweck,
   ich schließe dich weg."
(So lange, bis ich dich vermisse.)

*Das erste Buch unserer Limerick-Autoren*

*Ein Kriminalroman aus Ostfriesland*

*Der mysteriöse Tod eines Steuerinspecteurs hält ganz Aurich in Atem.*

Format 14,5 x 22 cm, 280 Seiten, gebunden, Schutzumschlag, DM 26,80 – ISBN 3-928327-22-4